Los animales de granja de los presidentes

Grace Hansen

Abdo Kids Junior es una
subdivisión de Abdo Kids
abdobooks.com

Abdo
MASCOTAS PRESIDENCIALES
Kids

abdobooks.com

Published by Abdo Kids, a division of ABDO, P.O. Box 398166, Minneapolis, Minnesota 55439. Copyright © 2023 by Abdo Consulting Group, Inc. International copyrights reserved in all countries. No part of this book may be reproduced in any form without written permission from the publisher. Abdo Kids Junior™ is a trademark and logo of Abdo Kids.

Printed in the United States of America, North Mankato, Minnesota.

102022
012023

Spanish Translator: Maria Puchol

Photo Credits: Library of Congress, Shutterstock

Production Contributors: Teddy Borth, Jennie Forsberg, Grace Hansen

Design Contributors: Candice Keimig, Pakou Moua

Library of Congress Control Number: 2022939384

Publisher's Cataloging-in-Publication Data

Names: Hansen, Grace, author.
Title: Los animales de granja de los presidentes/ by Grace Hansen.
Other title: Farm animals of presidents. Spanish
Description: Minneapolis, Minnesota: Abdo Kids, 2023. | Series: Mascotas presidenciales | Includes online resources and index.
Identifiers: ISBN 9781098265205 (lib.bdg.) | ISBN 9781098265786 (ebook)
Subjects: LCSH: Livestock--Juvenile literature. | Pets--Juvenile literature. | Presidents--Juvenile literature. | Presidents' pets--United States--Juvenile literature. | Spanish language materials--Juvenile literature.
Classification: DDC 973--dc23

Contenido

Los animales de granja
de los presidentes.....4

Más mascotas
presidenciales 22

Glosario...........23

Índice.............24

Código Abdo Kids...24

Los animales de granja de los presidentes

Casi todos los presidentes de Estados Unidos han tenido mascotas. ¡Algunos incluso tuvieron animales de granja!

El presidente William H. Harrison tuvo una vaca que se llamaba Sukey. Era muy normal tener una vaca en la familia en aquellos tiempos.

William H. Harrison

7

El presidente Lincoln tuvo cabras, Nanny y Nanko. Los hijos de Lincoln jugaban con ellas por toda la Casa Blanca.

El presidente Grover Cleveland tuvo pollos. Vivían en los **establos** cerca de la Casa Blanca.

Grover Cleveland

El presidente Harrison tuvo una cabra para sus nietos. Se llamaba Old Whiskers.

El presidente McKinley tuvo gallos. Nadie sabe exactamente cuántos tuvo.

William McKinley

15

William Taft fue presidente hasta 1913. Sus vacas fueron las últimas vacas en la Casa Blanca.

El presidente Wilson tuvo un rebaño de ovejas. En 1919 vendió su lana por 52 823 dólares. Donó ese dinero a la **Cruz Roja**.

Woodrow Wilson

19

La familia del presidente Coolidge tuvo muchas mascotas. Una fue un burro que se llamaba Ebenezer.

Calvin Coolidge

21

Más mascotas presidenciales

George Washington
mulas

Rutherford B. Hayes
vacas

Theodore Roosevelt
Maude, el cerdito

Woodrow Wilson
Old Ike, el carnero

Glosario

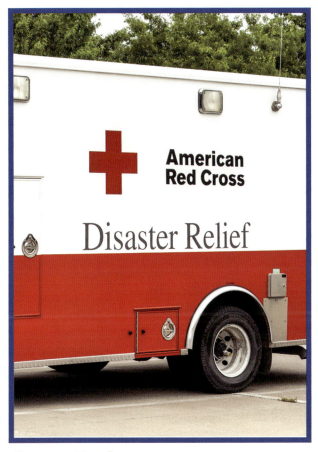

Cruz Roja
organización que ayuda a la gente en situaciones de guerra o desastres naturales.

establo
lugar cerrado en el que viven y se alimentan los animales de granja.

Índice

burro 20

cabra 8, 12

Cleveland, Grover 10

familia Coolidge, la 20

gallo 14

Harrison, Benjamin 12

Harrison, William H. 6

Lincoln, Abraham 8

McKinley, William 14

oveja 18

pollos 10

Taft, William 16

vaca 6, 16

Wilson, Woodrow 18

¡Visita nuestra página **abdokids.com** y usa este código para tener acceso a juegos, manualidades, videos y mucho más!

Los recursos de internet están en inglés.

Usa este código Abdo Kids

PFK9261

¡o escanea este código QR!